Claudia Ricon

PASTA MATER

goWare

L'ebook è molto di +
Seguici su facebook, instagram

... amore della tata, ma perché non stai buona? Cosa vuoi, più acqua meno acqua? Hai ancora fame? Vuoi altra farina? Dimmelo, tesoro. Troppo freddo lì dentro? Ti abbasso il frigo a 2. Sì amore sì. Vuoi un barattolo più largo così stai più comoda, ti slunghi tutta, sì sì, va bene, la tata fa tutto per te, butta bacino alla tata, brava così, ma che bella che sei, tutta soffice, con le tue bollicine, brava brava cresci, e non rompere le palle alla tata che ora la tata deve fare le sue cosine. Brava a nanna, così, dormi, fai la nanna coscina di pollo, la tua tatina ti ha fatto un gonnellooooo...

... tesoro, non s'era detto che facevi la nanna? Che ti è successo, hai avuto un incubo? Calmati ora. Racconta tutto alla tata. Hai sognato che ti rinfrescavo con la farina 00? Ma amore, ti pare che la tata possa farti una cosa simile? E che poi ti buttavo dentro il Bimby e ti cuocevo direttamente lì? Ma queste sono paure irrazionali, devi stare tranquilla. Oh su, vieni qui in braccio alla tata, ecco così, ninna nanna ninna oh, questa pastina madre a chi la do? No no, non ti do a nessuno, stiamo così bene io e te, noi due sole solette. Niente, via, oggi non ci si fa. Non s'addormenta neanche col Tavor. Bisogna che l'impasti. Sì, la tata è stanca, ma se impastare ti calma, la tata ti impasta. Cosa vuoi diventare, focaccia, pizza, pane alle olive? Decidi tu, amore, alla tata va bene tutto. Lo sai che la tata è buona, no? Ma quanto ti vuol bene questa tata? Senti come ti massaggia il pancino, eh. Fatto! Sì, amore, già fatto. Minimo un'ora? No, tesoro, ti sbagli. Dieci minuti bastano e avanzano per l'impasto. Ti confondi. Oggi è martedì e il martedì si fa l'impasto sprint. Dieci minuti, esatto. E poi una nanna lunga lunga di quattro ore. Quattro ore tonde in cui il tesoro della tata sta con gli occhini chiusi e fa tanti bei sogni. E lascia in pace la tata che sennò poi la tata diventa nervosa e con chi se la prende la tata, poi? Esatto. Minchia, che stress.

... ah, un po' di pace, di silenzio. Le ho promesso di fare il pane alle olive, ma col cazzo che faccio il pane alle olive! Io oggi le olive non ce l'ho e non esco di certo a comprarle. Ci butterò dentro du' granaglie, una manciata di sesamo, e chi s'è visto s'è vist... Sì, amore, dimmi. Sono qua, la tata è qua. Che c'è adesso? Non s'era detto di fare un bel sonno profondo? Ti ho anche messo addosso un bel lenzuolino. Eh? Vuoi sapere la marca delle olive? Le solite olive, amore, useremo le solite olive. In che senso vuoi vedere il barattolino? Che c'è, non ti fidi della tata? Ma stavo giusto pensando. Sì, tesoro, la tata pensa ogni tanto. È anche capace di pensare. Stavo pensando che ci siamo rotti di fare sempre il pane alle olive, no? Ci viene bene, ma poi tutti ci dicono: ah, ancora il pane alle olive come l'altra volta, e tu, amore mio, ci fai brutta figura. Quindi pensavo, non so, di andare più sul semplice. Che? Pomodorini pachino semisecchi e acciughe cantambriche? Ma sei impazzita! Ma ti pare che ora la tata si metta a girare per mezza città. 'Sta disgraziata s'è montata la testa, si crede un pane di Eataly, si crede. No, amore, i pomodorini danno acidità e tu non li digerisci. Ricordati l'altra volta che sei stata male e non mi sei lievitata, eh. Teniamoci leggeri stavolta, una spolveratina di semi di sesamo. Ti fanno schifo i semi di sesamo?!? Basta, silenzio, ora si dorme, che sennò ti impasto con la 00... sì, la 00, hai capito bene, come nel tuo incubo, e tu non vuoi che la tata si trasformi nel lupo cattivo, vero amore? Rompicoglioni.

... no, se dio vuole, è di là che dorme. Parlo piano che non vorrei si svegliasse. Sì, mi ha frantumato le palle anche oggi. Le solite storie, e prima ha sete, e poi ha caldo, poi ha freddo, poi ha gli incubi, e il sesamo no, e i pomodorini pachino. Ma sì che gliel'ho detto, era acida, l'hanno notato tutti l'altra sera a cena. Eh, infatti, vediamo se a questo giro: che dici? faccio una schiacciata all'olio e rìzzati. Appunto, posso mica spendere miliardi con tutti quei paté. È quello che dico anch'io, in fondo sempre di pane parliamo, un panaccio fatto in cas... Sì, amore, sono qua! La tata è un attimo al telefono! Ma che rottura di cazzo. Scusami, ma s'è svegliata. Dimmi, tesoro, hai bagnato il lenzuolino? Che ora un povero cristo non possa neanche fare una telefonata in pace. Amore, urla che non ti sento! Niente, via, scusa ma ti devo lasciare, a dopo. E insomma che c'è! Non puoi chiamarmi ogni cinque minuti! Lo sai che se ti agiti, non lieviti bene e addio pane alle olive, insomma, al sesamo. La merendina? Che merendina? Vuoi fare la merendina? Ma sono le due del pomeriggio! La merendina si fa alle cinque, lo sai. E quanto magna... Neanche un labrador. Ora si fa il pisolino. Un bel pisolino lungo lungo. La favoletta? Ma già ti dissi la volta scorsa che la tata ha scelto di non avere figli proprio per evitare quella gran rottura di palle di dover leggere la favolet... no, non fare così, non piangere. Che bisogno c'è ora di piangere? No no, amore, su, non parlavo di te. Lo sai che io te ti ho voluto. Tu sei stata una scelta. Una scelta del cazzo...

... e vissero tutti felici e contenti. Ecco, amore, la favoletta è finita e adesso chiudi gli occhin... Sì, tesoro, è finita. Come non ti è chiaro il finale? Mi sembrava chiarissimo: la mamma ha fatto il pane in casa ed è scoppiato il forno. Più chiaro di così! D'accordo, una favoletta un po' violenta, ma realistica. E noi vogliamo che tu cresca consapevole dei rischi che la vita ci riserv... No, non te ne leggo un'altra.

Io ora questa la strozzo. Ma tu guarda se mi dovevo ritrovare schiava di un embrione di mollic... Niente, niente, la tata pensava ad alta voce. Io che ero una fine intellettual... Sì, la tata era una fine intellettuale. Ridotta a fare la baby sitter a un tozzo di pane. No, non te la leggo un'altra favoletta. No, il Giro del mondo in 80 pagnottelle no. L'abbiamo letto mille volte. Ti ho detto di no, e quando è no è no! Il Giro del mondo in 80 pagnottelle... Io che mi stavo pregustando l'ultimo saggio di Bauman. E non strillare! Ssssh, vieni qui, su. Non urlare così, lo sai che la tata non sopporta quando fai così. Dai, facciamo pace. D'accordo, te lo leggo: ma solo una paginetta. C'era una volta una pasta madre. Che orrore. Una pasta madre bella come il sole. Che umiliazione. Ma così bella che tutti la volevano. Già, e poi l'hanno rifilata solo a me.

... e così la bella pagnottella, arrivata fino in Nuova Zelanda, finì il suo giro del mondo venerata come una dea. Fine della storia. Piaciuta? Dico, piaciuta la favoletta? Ah, si è addormentata. Dormi, vero? Non è che fai gli scherzetti alla tata. Dio, che liberazione. Sono esausta. L'avessi saputo prima. Prendi la pasta madre, ti fai il tuo bel pane in casa, vedrai che soddisfazione, neanche ti immagini. Tanto valeva restare in ufficio a lavorare. Anzi, in ufficio era una pacchia. Mentre ora. Bisogna che me ne liberi. Devo trovare un modo. Nel cesso però no. Mi si sta rimpicciolendo il cervello a furia di fare il pane. Oddio, nel cesso magari. Ammetto che le prime volte, sì le prime volte in effetti. Perché il cesso no? Quando vedi quella cosa che lievita nel forno. Il cesso invece sì. Quel profumo delizioso di panetteria che piano piano si spande in cucina. Nel cesso ora che dorm... Amore, che c'è? Niente, la tata non stava facendo niente, ti stava solo rincalzando il lenzuolino. Minchia se n'è accorta. Non è che vuoi andare in bagno? Sei tutta umida, dai andiamo in bagno. No? Ti piace startene nel tuo calduccio, ho capito. Freddo polare, esagerata. La casa è solo un po' freddina. Ma per forza, amore. Ora che la tata si è licenziata dal lavoro e si prende cura di te notte e giorno, bisogna fare economie. Un'operaia alla catena fordista, questo sono diventata. Sì, amore, economie. Spendiamo già tanto di gas per via del forno per te. E il termosifone, quello si tiene basso. No che non lo alzo, tesoro. Neanche la pagasse lei la bolletta. No, non la paghi tu la bolletta. La paga la madre della tata. Come è la stessa cosa?

... via demonio, sciò, esci da questa pasta! Zitta, amore, non interferire, la tata ti sta facendo un esorcismo. Eh, cos'è cos'è. Tu non ti preoccupare, lascia fare tutto alla tata. Sciò sciò, sciogli la pasta scaccia la madre! No, non aver paura, è solo una treccia d'aglio. L'hai sempre digerito, l'aglio, com'è che adesso fai tante storie. È lo stesso che abbiamo usato quella volta con i capperini e le acciughine cantambriche, ricordi? Lasciami lavorare. Sopra la treccia la pasta campa, sotto la treccia la madre crepa! Ma che fai, ti rintani sotto il lenzuolino? Ma così impedisci al demonio di uscire! Esci, demonio, libera questa pasta e rendi alla tata la sua libertà!

Niente via, quest'aglio non funziona, vedi a risparmiare sulle materie prime. Ma è colpa tua, sì tesoro, è colpa tua, tu col tuo appetito smodato, quelle farine di grani antichi mi costano un capitale.

Sim sala bim! Niente.

Bù e la mammina non c'è più! Niente.

Ora basta, tesoro, sputa fuori questa madre e poi ti leggo tutte le favolette che vuoi. Io mi devo liberare, io così non vivo più, me ne devo sbarazzare. Eh, che vuoi adesso? Lasciami in pace. Un sorso d'acqua minerale? Ti ho detto lasciami in pace. Ti stai seccando? Pazienza! Bevi l'acqua del rubinetto, come tutti. Ah sì? Provaci. Tu prova a esplodermi nel frigo e poi vedi. Provaci.

… vedi, tesoro, questa cosa non ti fa onore. No, non ti fa onore. Vedere la tata carponi e umiliata a ripulire il frigorifero, sì umiliata, hai capito bene: umiliata, dovrebbe umiliare anche te.

'Sti 'mpunita, imbrattarmi così il frigo. Pure nello scomparto delle uova. Sì, amore, è vero che me l'avevi detto. Ma un conto è minacciare. Non funziona neanche lo sgrassatore Chanteclair. Eh no, la tata è grande e può fare quello che vuole, tu sei piccina e i piccini ubbidiscono ai grandi. Dove cazzo lo metto adesso tutto questo blob? Mi si intasa anche il cess... No, non prendere tutto alla lettera. Qui ci vuole metodo, mi serve una strategia. Inutile che tieni il muso. Dovrebbe essere la tata a essere offesa, non tu, guarda che lavoraccio mi fai fare. Devo stare calma, e pensare. Me la devo infinocchiar... Vuoi due semini di finocchio? La tata ti dà due semini, però poi ti metti buona e torniamo a essere amiche. Non è successo niente. Vedi: il frigo è come nuovo, tutto ripulito. Ora ti ricompatti e la tata va di là a pensare. Ora ci penso io a te. Eh, la tata ha tanti pensieri, vuol sempre farti stare bene, scriverà per te una favoletta tutta nuova. Sì, amore, certo, sarai tu la protagonista. Ma ovvio, solo tu, nessuna altra pagnottella, te lo giuro. E stasera, se ora fai un riposino di almeno quattro ore, ci facciamo un bel pane con la curcuma così diventi tutta gialla gialla come l'oro. La concio io per le feste.

... pronto, ciao sono io, tutto bene? Sì, io bene, grazie. Ho solo un abbassamento alla voce, ma niente di serio, il medico mi ha ordinato di parlare piano. Oh sì, una meraviglia, ieri ne ho fatto uno alle noci. Ma sì, lo porto domani a cena, tanto è un chilo, basta per tutti. A che ora dicevi, le nove? Perfetto, le nove. Senti, pensavo. Non è che ti andrebbe di provare anche tu a fare il pane in casa? È un'esperienza eccezionale, io stessa non credev... Ma no, sembra. Una volta che hai preso la mano, è una cosa semplicissima e anche rapida. Sì, ok, il pane di Eataly. Certo che è fantastico, figurati, con i forni che hanno da Eataly. Ma ti assicuro che farlo in casa è un'altra stor... Va bene, ti compri quello alle olive da Eataly e a casa te ne fai un altro come pare a te. Ma credimi! Domani ti porto un po' della mia pasta madr... Ma è una cosa di tutto ripos... Ti assicuro che non... Tua sorella tua sorella. Si vede che tua sorella non era adatt... Eh, vabbè se lei è uscita via di cervel... Ok, è uscita via di cervello, ma forse all'inizi... Oddio, sei mesi non è che sian... Nel cesso dopo sei mesi, ok. Però è strano perché non è affatto impegnativ... Certo che da Eataly si fa prima, ma ti ripeto: la pasta madre, la butti in frigo e te ne dimentic... E allora vai da Eataly! Che ti devo dir... Amore, già sveglia? Niente, tesoro, la tata era al telefono con un'amica. Torna a dormire, da brava. Ma qui non c'è privacy. Che voleva, ma niente, voleva sapere se ti andrebbe di stare un po' da lei. Un po': per sempre! No, amore, non ti agitare. Le ho detto di no, stai tranquilla. Cazzo, ho appena ripulito il frigo. Lo sai che la tata è gelosa di te, non può stare neanche un minuto senza la sua tesorina pagnottina. La tata adora la sua pagnottina.

... ciao, sono io, non posso stare troppo al telefono: vuoi un po' della mia pasta madre? Sì o no? Fai già un corso di pilates?!? E che c'entra... scusa devo riattaccare. Nulla nulla, tesoro, la tata, sta facendo un sondaggio telefonico. Per via di quella favoletta su di te. La tata ha bisogno di qualche consiglio. Tu riposa. Pronto, sì, una cosa al volo: e se per il compleanno ti regalassi la mia pasta madre? Hai già tre figl... Ma te l'ho detto, amore, è un sondaggio telefonico! Non si origlia la tata mentre è al telefono. Ciao, scusa, ti rubo solo un secondo: cento euro se ti prendi la mia pasta madre. No? Duecento? Duecento più la tessera del cin... scusa ma devo riagganciare. Perché mi guardi così, tesoro? Ti giuro, amore, era solo un sondaggio. No no, non fare così, non è questo il modo. Ti prego scusami, la tata è stanca, tanto stanca. Voleva solo un aiuto dalle amiche. Ma lo vedi come sono le amiche. Tutte buone a parole e poi. Stronze, tutte stronze. Brave a ingollarsi il mio pane alle olive e poi quando si tratta di restituire il favore. E non ti ci mettere anche tu, no di nuovo il blob nel frigo no, anche oggi no. Io mi devo curare. Sì, ho bisogno di aiuto. E dai, cazzo, te l'ho appena detto. Il frigo no! Io c'ho da lavorare, non posso perdere il mio tempo dietro a una pasta madre di merd... No, il frigo di nuovo imbrattato, no! Ok, vuoi la guerra? Adesso ti ingozzo ben bene io. Un bel chilo di farina 00. Con tutto quel glutine, eh. Non sei tu quella che ha sempre fame? E allora mangia, amore, mangia. Strozzati.

... lo so, ho perso la testa. Ma gliel'ho detto anche la settimana scorsa: io sono esaurita. Ho tentato di strozzarla, sì. Nella mia testa le due cose si sono fuse. Madre e pasta madre. Nella pasta madre io rivedo mia madre, sì, è così. La vedo e ho voglia di strozzarla con la farina 00. Un transfert, esatto. Uccido la madre che è nella pasta e vendico la bambina che ero. Sì, d'accordo, mi sembra un'interpretazione corretta, freudianamente parlando, intende. Ma lei capisce, la pasta madre avrebbe dovuto darmi un beneficio. Sì, pasta madre e Zoloft. L'azione combinata. Figurarsi se non le ho prese, sarei già morta senza quelle pasticche. Ma lo sa anche lei: pensavo che licenziandomi dal lavoro avrei avuto più tempo per me, tutte le cose che ci siamo già detti nelle altre sedute. Già, appunto, tempo per le mie letture, i miei romanzi. Però, mi scusi. È stato lei a consigliarmi la pasta madre. Ora non faccia lo gnorri. Fu lei, sì. Disse che mi avrebbe gratificata. Sì, disse proprio così: immensamente gratificata. Me lo ricordo benissimo. E ammetto che all'inizio filava tutto alla meraviglia. Un'altra, esatto, ero un'altra. Non è che possiamo aumentare il dosaggio dello Zoloft? Ma ora sono più stressata di quando lavoravo. Non riesco neanche più a venire in studio da lei, e non creda, no non creda, che mi faccia piacere fare la terapia su Skype. Riconciliarmi? Riconciliarmi con chi? Onestamente mi sembrerebbe umiliante. Macché sconfitta e sconfitta, conosco un sacco di gente che l'ha buttata nel cesso senza fare tanti discorsi. Con mia madre? La mia vera madre? Insomma, la mia unica madre? Ma questo lo dice lei. Che l'obiettivo della terapia fosse proprio riconciliarsi con quella stronza di mia madre... Guardi, son punti di vista. No che non voglio compromettere cinque anni di terapia, si figuri. Con tutto quello che ho speso. Ma no, non intendevo. Intanto, un passo alla volta, certo. Un rapporto più sano con la pasta, certo. Poi mia madre, con mia madre si starà a vedere. Mi toccherà pure uscire a comprare le acciughine. Con 'sto tempaccio. Il bonifico online, ma sì, non si preoccupi, tanto qui. Non mi fraintenda. Ho piena fiducia nella nostra terapia.

... e dai, scusa, facciamo pace. La tata ha avuto i suoi cinque minuti. Pazzia, chiamiamola pure pazzia. Ma ora, tesoro, è tutto finito. Adesso la tata e il suo tesorino sono di nuovo amici. Non tenermi il muso. Sai come sono le tate a una certa età, si innervosiscono con niente, piangono senza motivo, hanno le crisi di panico, poi ridono all'improvviso. Dai, facciamoci insieme una risatella! Si chiama menopausa, ma non nel senso che hanno meno pause, no. Ma tu dimmi se devo spiegare i cazzi miei a una palletta di farin... Paradossalmente di pause ne hanno meno, le tate, pensa un po'. Perché queste tate corrono da una parte all'altra, e anch'io amore, vedi come corro ogni cinque minuti da te. Su, pace. Quel che è stato è stato, scordammoce o' pass... Vuoi che ti passi al setaccio la farina? Ma certo amore, quello che vuoi. Grani antichi, sempre e solo grani antichi per il mio tesorino. E bòrda altri quattrini. Farina 00 mai più. Giuro, mai più. Ops, sto incrociando le dita? La tata non se n'era accorta! Li morté, questa vede tutto. Però bisogna essere in due, amore. Se anche tu ti metti buona, anche la tata vedrai. Me l'ha spiegato bene l'analist... Certo che la tata va dall'analista. Siamo in simbiosi, io e te. Se tu sei nervosa, anche la tata è nervosa. Se tu sei calma, si calma anche la tata. E viceversa, certo. Che? Ma questo è un ricatto. No, non mi pare questo il modo per essere amici. No, e lo sai benissimo. No e poi no. Un filo di autonomia non guasta, è il sale di ogni rapporto. No, il letto accanto al frigo no. Puoi benissimo dormire da sola. Non lo sposto, il letto. Ognuno ha diritto ai suoi spazi. Ti leggo le favolette, ma il letto no. Ma ti pare che io. Il mio futon in cucina. Cerca di ragionare, tesoro. Hai mai visto un futon accanto a un frigo? No che non l'hai mai visto. Il Giappone il Giappone. Che c'entra il Giappone. In Giappone hanno un'altra concezione dello spazio, fanno tutto in una stanza. Vedi a raccontarle del Giappone! Mentre noi, amore, abbiamo una casa grande grande. Sarebbe assurdo vivere tutti appiccicati. Oddio, mi manca l'ari... Niente, tesoro, ho solo avuto una vampata. Eh, appunto, la tata soffre di vampate, non si può tanto agitare. Dai, cerchiamo un compromesso, lasciamo perdere il futon, un compromesso si trova sempre.

... ma guarda, pensavo peggio. Forse un po' la schiena, poi ci si abitua. No no, solo il futon. Il tatami è troppo pesante. Eh, pazienza, vuol dire che lo laverò. Non so neanche come si lavi, un futon. Un paio di settimane, sì, massimo un mese, toh. Il tempo che si stabilizzi. Deve sentirsi tranquilla. Più lei si sente tranquilla, me l'ha detto anche l'analista, più beneficio ne traggo io. Sì, ovviamente, non avessi lo Zoloft, ovvio che reggo perché prendo lo Zoloft. Non avessi lo Zolo... Hai detto qualcosa, tesoro? Cos'è lo Zoloft? Te lo spiego dopo, amore, la tata è un attimo al telefono. Ma l'hai sentita? Ora vuol sapere cos'è lo Zoloft. Roba da non crederci. Capisci che vita facci... Sì, amore, ti ho svegliata io stando al telefono. Lo capisco, e mi dispiace, ma sei stata tu a insistere con questo futon, volevi la tata vicino vicino. E la tata cosa fa di solito quando è a letto? Brava, telefona alle amiche. Sei ancora in linea?

Scusami, che pena. No, questo weekend salto, dì agli altri che sono chiusa in casa a scrivere. Quello che vuoi, un romanzo, un racconto, sì, dì che sto scrivendo un racconto. Cosa che farei tanto volentieri se non avessi questa rottura di cogl... Sì, tesoro, dimmi. Scusami un attimo. Dimmi, ti ascolto. Vuoi anche tu lo Zoloft. Sì, tesoro, lo Zoloft. Ma la senti? Dico, la senti? Certo, in simbiosi. Ti ho detto che siamo in simbiosi. Che tutto quello che fa la tata lo devi fare anche tu. Certo, parole dell'analista. Che se la tata sta meglio anche tu vuoi stare meglio. Verissimo. Però vedi, amore. Lo Zoloft non è un grano antico. No, non lo è. Non si adatta alla pasta madre. Anzi, è proprio vietato dal dottore. Sì, l'ha vietato il dottore. Ti farebbe malissimo, amore. C'è anche scritto sul bugiardino. Ora fai stare cinque minuti in pace la tata al telefono con la sua amica. Da brava, su. Un mese no, io un mese così non ce la faccio. Vorrei vedere te al posto mio. Figurati, sei come le altre. Non te lo chiedo neanche più. Però ti piacque il mio pane ai carciof... Sì, tesoro, è vietato. C'è scritto sul bugiardino. Scusami ancora. Vuoi vedere il bugiardino dello Zoloft? No, amore, il bugiardino non si può vedere. Perché perché. Perché due non fa tre. Come quanto fa? Fa due, tesorino. È pure demente! Lo Zoloft è per la tata. Punto. Perché la tata deve tirarsi un po' su. Tu sei depressa, amore? Sei depressa? No che non sei depressa. Cazzo, non sarà mica depressa?

... stai più comoda così? Meglio? Oh, bene. Ce ne stiamo tutte e due accoccolate sul futon, vicine vicine sul nostro lettone giapponese. Bello, no? Ci facciamo le fusa, io e te. Sei la mia gattina. Ci scaldiamo insieme, che hai preso tanto freddo lì in quel frigorifero. Brutto frigorifero cattivo che hai fatto intristire la gattina della tata. Ma ora la gattina sta meglio, vero? Guardate che musino che ha. Tutta un'altra. Questo Zoloft fa miracoli. Avevi ragione, sai? Per una volta la tata ti deve dare ragione. Lo Zoloft ti ha rimesso al mondo. Sì, proprio ragione. Però anche la tata è stata brava, sai? Te l'ha sciolto ben bene nell'acqua minerale, così niente effetti collaterali. Alla faccia del bugiardino. Brutto bugiardino cattivo che non volevi dare lo Zoloft alla nostra gattina. Sì, insomma, pagnottina. Alla fin della fiera, meglio una pasta madre imbottita di psicofarmaci che una pasta madre depressa, tanto chi vuoi che lo venga a sap... Nulla nulla, tesoro, i soliti pensieri in libertà della tata. Ma lo so anch'io, se uno è depresso non vuole sentirselo dire, lo so. E infatti la tata non ha detto nulla. Chi è depresso qui? Nessuno! La tata depressa? Ma niente affatto, amore. Non vedo perché tu dica una cosa simile. L'analista l'analista. Ci vado da cinque anni, ma sai come sono gli analisti. Finché non ti fanno riconciliare con quella stronza di tua madre. Eh sì, la tua nonnina. Quella stronza della tua nonnina. Brava. Vedo che hai colto il punto. Ma brava la

mia pagnottina santa che coglie le cose al volo!
Questo Zoloft fa miracoli anche sciolto nella farina 00... Eh, chi ha parlato? Chi ha detto farina 00? Non la tata. Brutta farina 00 cattiva che
fa paura alla mia gattina tesorina pagnottina.
Bruttissima.

... sì, te l'ho già detto mille volte, sì. Sto bene, sto
benissimo. Pensa che ieri ho fatto un pane alle
noci magnifico. Gli occhi cerchiati di marrone?
Sarà un effetto della telecamera di Skype. No,
mamma, non importa che vieni. Mi ci manca anche mia madre in casa adesso. Sì, è il frigo quello.
Il frigo. Ma perché perché, è una storia lunga. Te
la spiego un'altra volta, dai, ora sono stanca. Ma
no, è che ho dormito male. Ma chi vuoi che ci sia?
Parlo piano per via delle tonsille. Certo, continuo
ad andarci, eccome. Cento euro alla settimana
da cinque anni, grazie alla mammina. Diciamo
serena, sì. Sono più serena. È il futon, esatto. Eh,
il futon accanto al frigo. Che male c'è? Ci dormo
meglio in cucina, che vuoi che ti dica, mamma.
L'ha detto anche l'analista, visto che per colpa
tua ho avuto incubi per tutta l'infanzia ora devo sentirmi libera di dormire dove voglio. Esatto, per tutta l'infanzia. Sì, per colpa tua. Certo, è
sempre colpa della madre. Oh sì, di tutto. Inutile
che alzi la voce, mamma. Se dormo sul futon accanto al frigo è per colpa tua. No, non urlare, che
qui dormono tutti. Come chi c'è in casa? Nessuno,

te l'ho già detto. Se ora mi sveglia la pagnottina. Eh, tutti sono io, evidentemente. No, non te la giro la telecamera. Niente, è solo un rigonfio del piumone. Fammi la cortesia di parlare più piano. No, mamma, non ho un gatto. Ecco, ora me l'ha svegliata. Tesorino, dormi, non è successo niente. Come con chi parlavo? Con te, mamma, con te. Dicevo che non è successo niente. Intendo, niente di così grave se non che ho avuto un'infanzia di merd... No, tesoro, tranquilla, tu stai vivendo un'infanzia felice con la tata. Sì, mamma, dicevo a te, la tata, già, se tu non mi avessi affidato alla tata io forse oggi dormirei nella mia stanza da letto e non butterei tutti quei soldi dall'analist... No, tesorino, tu dall'analista mai, la tata ti sta dando anche lo Zoloft. Hai capito bene, mamma, prendo anche lo Zoloft. Sempre per colpa dell'infanzia di merda, esatto. No, mamma, non è una drog... Tesoro, stai calma, la tata non ti sta drogando. Nessuno, non c'è nessuno qua sotto il piumone. Sono calmissima, mamma. Sei tu che mi pari drogata. Di merda, esatto, un'infanzia di merda. Già, comodo così. Che vuol dire che avevi vent'anni? Anche a vent'anni ci si prendono le proprie responsabilit... Sì, gattina mia, la tata sarà sempre responsabile della sua gattina pagnottina. Sempre sempre sempre. Macché delirio e delirio! Sto benissimo e ora chiuderò questa conversazione, sì mamma, ora la chiudo. Ma avverti chi ti pare, chiama pure mia sorella, 'mporta assai. Tanto, tesorino, la tata non apre a nessuno, ce ne stiamo al sicuro io e te su questo bel futon e la nonnina si fotta. Mamma, sei ancora lì? Ci sei? Che ti avevo detto, amore della tata, la nonnina è una vera stronza. È vero, ci paga la bolletta del gas. Però buttare giù così senza neanche salutare.

... capirà, appena ho detto infanzia di merda. L'avesse sentita. Un'isterica. Tanto, guardi, con mia madre non c'è verso. Ma sì che parlavamo d'altro, l'avevo chiamata io per dirle del pane alle noci. Si figuri, il pane alle noci. E pam! siamo finite diritte sparate all'infanzia di merda. Trattenersi trattenersi. Io ci provo, ma con quella donna. Scalare lo Zoloft? Non ne vedo il motivo, onestamente. Io non la definirei eccessiva. Ho avuto una sana ed equilibrata reazione da figlia oppressa. Su Skype, sì. Voleva venire a casa, ma l'ho bloccata. Per carità, mia madre in casa. Escluso. Che già su Skype. La riconciliazione, lo so. Ma siamo lontani anni luce. Mentre con la pasta madre. Bè, va molto meglio. Dall'ultima seduta è tutta un'altra musica. Aspetti che le giro la telecamera. Amore della tata, fai un sorriso al dottore? Dai, un sorrisino, che ti costa. Certamente. Dormiamo insieme, adesso. Sì, sul futon. Dai, non ti vergognare, è solo il dottore della tata. Sì, l'analista, brava. Ora, mi pare un parolone. Morboso. L'ho fatto per tranquillizzarla. Da qui a dire morboso.

Ma se è stato lei a consigliarmelo! Sì lei, l'ultima volta. Parola per parola, se vuole gliele ripeto. Macché morboso e morboso. Andiamo d'accordo che è una meraviglia. Vero, tesoro, che stiamo una meraviglia, io e te adesso? Diglielo anche tu al dottore. E scusi se insisto, ma anche il pane ora viene molto meglio. Lievita che è un piacere, sentisse che profumo. Ma al di là. Sono molto più serena adesso, a parte mia madre, intendo. Lo vede anche lei che sono un fiore. Gli occhi cerchiati di marrone? Ma allora lei è come mia madre. Sì, come mia madre. Ma di madri stronze me ne basta una, sa. E almeno quella non la devo pagare cento euro alla settimana, mentre lei. Scusi sa, ma se l'è cercata. Sì, se l'è cercata. Hai sentito, amore, come gliele sta cantando la tata all'analista? No, questo non lo accetto. Questa è una porcheria. No, lo Zoloft per cortesia lo lasci fuori da questa storia. Scalarmi lo Zoloft sarebbe una porcheria, e lo sa anche lei. Ah sì? Benissimo. Sa quanti ne trovo di analisti bravi. Una marea. Molto più bravi di lei, sì. Cinque anni di quattrini buttati via. E pure al nero, ma si vergogni. Che se solo lo dico in giro. Morbosa io. Ma senti 'sto pezzente. Morbosa perché dormo sul futon con la pasta madre. Lei proprio non sa cos'è la morbosità. Diglielo, tesoro, lei non sa cos'è la morbosità. Trattare così una povera pagnottina. Ma sì, chiuda pure. Per quanto mi riguarda la terapia è finita, staremo tutti molto meglio senza di lei. Vero, tesoro gattina mia, che staremo meglio senza quel dottore tra le palle? Tutta gelosia, la sua, che a lui non gli viene il pane buono come a noi. No, non gli viene. Lo Zoloft lo Zoloft. Tu non ti preoccupare, la tata te lo trova lo Zoloft. Te lo trova.

... ora, che proprio tu venga a farmi questi discorsi. Sai benissimo com'è fatta la mamma. Ti ricordi da piccine, no? Te lo ricordi eccome. Per quanto, anche da grandi. Esatto, mi riferivo proprio a quell'episodio lì. E non vi siete parlate per quanto, sei mesi, un anno? Appunto. Quindi, stai tranquilla. È tutto occhei, non c'è bisogno che vieni. Piuttosto, non è che t'è rimasta qualche scatola di Zoloft? Uhm, nulla? Sì, d'accordo, l'acqua gym, ma non è che. Ah, l'acqua gym ti funziona meglio dello Zoloft? Oddio, dipende dalle situazioni. Io facevo qigong, ma tutto questo benessere. Certo, perché? Praticamente non faccio altro. Alle olive, alle noci, anche con la curcuma viene parecchio buono. M'impegna, oddio, sì un minimo d'impegno ci vuole, ma una volta presa la mano. L'ufficio? E chi ci pensa più! Da quando mi sono dimessa, sapessi la liberazione. Ho tutto il tempo del mondo. No, non l'ho letto. Bello? In effetti leggo poco in questo periodo. Cinema no, quasi mai. Come cosa faccio tutto il giorno? Te l'ho detto: il pane. Tutti i giorni, sì. Eh, si vede che una mente raffinata come la mia adesso si diletta così. Ho la pasta madre, devo starci dietro. La pasta madre, certo. La buttasti? Ma che orrore! Anche te come tutti. Dopo un mese di giochini, via nell'immondizia. Facile così. Che c'entra, ci vuole un minimo di adattamento. Anch'io, bè, ho dovuto prendere le misure. Una rottura di cazzo, sì, però solo all'inizi... Buona, stai buona, amore, è il passato, e noi il passato ce lo siamo messo alle spalle, no? Niente niente, rileggevo delle vecchie frasi, le avevo attaccate su un post it sul frigo. Hai messo il Bimby in soffitta? Ma peccato. Proprio mai, neanche per i dolci? Però scusa, è uno spreco. Un Bimby in soffitta. Bè, grazie, non ci avevo pensato, però chissà. Io in realtà faccio tutto a mano, queste cose meccaniche non è che. Butti dentro e fa tutto il Bimby? Ah, però. Anche la cottura. Venti minuti e il pane è fatto. In effetti, una bella comodit... Buona, amore, non stiamo parlando di te. No, dicevo, stiamo comunque parlando di un pane di scarsa qualità. Nessuno nota la differenza? Strano perché, avevo sentito dire. Comodità spaziale? Buona, stai giù, stai giù. E me lo regaleresti proprio? Sei sicura? Ma grazie! Allora passerei a prenderlo doman... scusa ma ti devo lasciare, un'emergenza, scusa, poi ti spiego.

... ma tesoro, son cose che si dicono così tanto per dire. La sorella della tata voleva essere realista. Lo sai come sta attenta agli sprechi la zia, no? E, realisticamente, un Bimby in soffitta è uno spreco. Devi ammetterlo anche tu. D'accordo, per te il Bimby è il diavolo. Ti immagini se la tata si mette il diavolo in casa? No che non se lo mette. Anche se, cazzo, il Bimby. Col Bimby avrei svoltato. Mai mai mai. Rinunciare al piacere di massaggiarti il pancino con le mani, il pancino grattino della mia gattina pagnottina. La tata non ci rinuncerà mai. Venti minuti e il pane è fatto, che bellezza. La pace domestica, ovvio che la tata conosca il concetto. Perché me ne parli? La tata tiene tantissimo alla sua pace domestica. Col Bimby addio pace domestica, ho capito. Niente via, qui non si può neanche sognare a occhi aperti. Ma sì, hai ragione, in culo al Bimby! Brutto Bimby cattivo che metti a rischio la pace domestica! Scusami, amore, è stata la debolezza di un attimo. L'inconscio, esatto, solo l'inconscio. I bei sogni muoiono all'alba. Noi continueremo a fare il nostro bel pane a mano, con i nostri tempi, quattro ore più quattro ore più 45 minuti più 45 minuti più altre tre ore e poi via nel forno per un'altra ora! Il tempo non passa in fretta quando stiamo insieme noi, è triste aprire quella porta io non resterò anche se vuoi, io non resterò anche se vuoi... sei solo tu l'unica pagnottella per me, il resto si esalta se non sono con te, io voglio andar via, se ti lascio io avrò mille e una ra-gio-ne per vi-ve-re... Non faceva così? Sei sicura? Mi pareva che più o meno. Sicura sicura? Mah, sarà. Comunque la musica ti fa bene, ti dà quell'effervescenza perfetta per la lievitazione. Le pagnottelle di nonna Pina?? No, le pagnottelle di nonna Pina stasera no. Il karaoke con le pagnottelle no. C'è un limite a tutto. Tanto poi non vai a tempo e ti mortifichi. Finisce sempre così col karaoke. Dai, non facciamo le bizze. Un conto Alan Sorrenti, un conto nonna Pina. Ormai sei grande. Nonna Pina no. Nonna Pina è per i piccini. Guarda che chiamo la zia. Chiamo la zia e le faccio portare il Bimby. Il futon? Il futon della tata è sacro. Non ti azzardare. Hai capito? Sacro. Impiastricciarmi il futon no. Non ti azzard... Però cazzo almeno vai a tempo! Le pagnottelle di nonna Pina... Un pieno di energia... Effetto vitamina... Mangiate calde calde col paté... Ti fanno il pieno per sei giorni e allora tiè... Pure stonata.

... perché vedi, tesoro, c'è anche un altro fattore da tener presente. Mi imbarazza dovertene parlare, anche la tata ha il suo amor proprio. Ma vedi, tutto questo pane che facciamo io a te. Noci, olive, acciughine, esatto. Tutto questo panino con le nostre buone cosine ha degli effetti collaterali sulla tata. Chiamali collaterali, tre chili in un mese. Tu stai lì tutta rannicchiata, e neanche ti accorgi del dramma che sta vivendo la tata. Tre chili, tutti nelle cosce. Sì, tesoro, un dramma. Perché cosa succede da quando sei arrivata tu nella vita della tata. Succede che anche la tata lievita. Sì, ovvio. In senso spirituale, certamente. Vivere in simbiosi con la pasta madre innalza lo spirito. Chiaro. Ti connette con l'essenza della vera madre ovvero madre natura. Ovvio ovvio. Ma ti fa lievitare, tesoro, anche in un qualche misterioso senso più materiale. Tre chili, chiamalo misterioso. Ti vuole così bene, la tata, che appena tu partorisci la pagnottella calda calda dal forno, la tata vuole subito assaggiarla. Calda calda, esatto. Un po' per capire il tuo stato d'animo, se abbiamo eseguito alla lettera le istruzioni, quelle che ci dettero al corso. Alla lettera, a muzzo vorrai dire. Certo che peso tutto sulla bilancia, amore, ma che idea hai della tata. Tutto a casaccio, acqua così a occhio, manciate di farina, come viene viene. Esatto, tesoro, 80 grammi di acqua per 140 di farina, tutto secondo le dosi. 'Sti cazzi! E quindi per testare l'effettivo risultato del millimetrico dosaggio, la tata deve assaggiare tutto più e più volte. È una questione di responsabilità. Sì, chiamiamola così. Responsabilità. E questa responsabilità, amore della tata, si trasforma poi in lievità. Sì, insomma lievitazione del peso. Quindi, se non vuoi che la tata si mortifichi. Tu non vuoi che la tata si mortifichi, vero? No che non vuoi. Quindi pensavo che sarebbe opportuno. Proprio per salvaguadare il peso forma e l'autostima della tata. Lo so lo so, la tata si dovrebbe controllare. Ma ti ho detto, pagnottina mia gattina grattina, che la tata con te non si controlla. Insomma, pensavo all'affido. Come cos'è? È una forma blanda di distacco. Ma solo temporaneo, amore. Un'altra tata che si prende cura di te come la tata vera, anzi meglio della tata vera. Certo, di tata ce n'è una e tutte le altre. Brutte cattive le tate dell'affido, sì amore, sì. Però facciamo almeno un tentativo. Un paio di giorni. Per testare il grande amore che c'è tra la tata e la sua gattina. Una distanza che ci fortificherà, vedrai. Il resto si esalta se non sono con teeeee! Niente, un ritornello nella testa, non farci caso, tesoro. Sai come sono certe canzonette. Se ti perdo io avrò mille e una ra-gi-one per vi-ve-re! Tutta robaccia.

... ma guarda, basta una volta alla settimana, un po' d'acqua, una spruzzata di farina, e via. Ma sì, tutto a caso. Macché setaccio e setaccio. Tre o quattro pugni, va benissimo. La 00 certo, anche scaduta, certo. Ma sì che sono sicura, perché che ti dissero a te? Tutti i giorni per un mese? Alla stessa ora? Oh questa! Ma che ti avevano rifilato, un neonato? D'accordo, famoso, un famoso fornaio francese, e chi sarà mai. Ma non capisco la crisi del matrimonio. Cosa c'entra adesso il tuo matrimonio. Se basta una pasta madre per. Ma scusa, non poteva accudirsela lui? No dico, se il famoso fornaio francese l'aveva regalata a tuo marito, poteva rinfrescarsela lui ogni sera. Sennò, sempre 'sta storia della donna. Appunto, le lotte femministe, una come te, figuriamoci se una come te. Stavate per lasciarvi? Questione di principio, hai ragione, perfettamente ragione. Ma non ci credo! Scaraventata una sera nell'immondizia. Pazzesco! Lanciata con tutte le forze nel bidone. Che scena bellissim... No, amore, stai tranquilla. L'amica della tata stava solo raccontando la scena di un film. Sì, un film dell'orrore, esatto. Il titolo? Ma che c'entra il titolo. Dell'orrore perché c'è un tipo che fa a pezzi la madre e la butta nell'immondizia. Un film per adulti, tesoro, certo. La tata non te lo farà mai vedere, no che non te lo farà vedere. Brutto il tipo cattivo che fa a pezzi la mamma, sì sì. Scusami, sei sempre al tel? La vicina di casa mi ha affidato per un'oretta la nipotina da guardare. E appunto, a proposito di affido, ti avevo chiamato giusto per capire. Ma ora non mi pare più il caso. Il matrimonio in crisi, per carità. Se è una ferita ancora aperta, figuriamoci. Niente niente. Però guarda, secondo me dovreste riprovarci. Con la pasta madre, voglio dire. Ma così, per superare il trauma. Non è che possiate vivere con questo tabù. Anzi, magari passami tuo marito, è in casa? Un minuto, ci parlo io un minut... D'amore e d'accordo, ho capito, sono felice per voi. Felicissima. Ma sarebbe per il vostro bene. Non vuoi intrusioni, ok. Ma così il trauma. E allora tienitelo, il trauma. Che ti devo dire. Se prendere in affido una pasta madre per un mese vi crea questi scompensi, scusa sai, ma vuol dire che il vostro è un matrimonio del cazzo. Sì, proprio un matrimonio del cazzo. Mi permetto eccome. Sai che me ne frega, niente me ne frega. Io da quando ho la pasta madre sono rinata. Credimi ri-na-ta. Mentre tu, scusa eh, ma peggio di così. Avevate una faccia, l'altra sera. Due morti viventi. Si vede lontano un miglio che non scopate più. Un miglio. Tre volte la settimana???

... non è esattamente così, tesoro. Un annuncio su eBay non significa che uno voglia disfarsi di qualcosa. È una finestra, ecco. Tu fai vedere una cosa, che so, un oggetto, una cosa che ti è cara, molto cara, e vuoi che anche gli altri godano di questa immagine. Se tu per esempio adesso guardassi la tata nell'obiettivo. Qui dritto, amore, guarda la tata. E facessi un bel sorriso, la tata potrebbe scattarti una bella foto e metterti su eBay. La nostra grattina pagnottina che finisce su eBay! Pensa che soddisfazione. Certo che così è proprio moscia, chi vuoi che se la compri, una pasta madre così. Ci facciamo una fotina tanto carina e tutto il mondo vedrà quanto è bella la nostra pagnottina. Venti euro prezzo base, ma anche dieci, sennò qui. Ci scriviamo una bella didascalia, sì amore, una didascalia in cui esaltiamo le tue fantastiche qualità. Monto un po' la panna, pasta madre di famoso fornaio francese, ma sì, tanto chi vuoi che. Diciamo che sei buona, educata, e che adori il karaoke. Glissiamo sulle pagnottelle di nonna Pina, però. Famoso fornaio francese, pani di ottima qualità, lievitazione garantita, impasto di grana solida. Come, amore, Facebook? Qui stiamo parlando di eBay, che c'entra Facebook. Sono due piattaforme diverse. E la tata per te ha scelto eBay, che è molto più esclusivo, solo pochi fortunati finiscono su eBay. Cani e porci, si trova di tutto su eBay, ci sarà pure qualche cristo che si compra la mia pasta madre. Ma quale profilo, tesoro. No che non te lo faccio, il profilo. Ora anche il profilo su Facebook, ma questo Zoloft le sta dando alla testa. No, amore, Facebook è escluso. Facebook è per i grandi. E tu sei una pagnottina grattina ancora piccina. Facebook è pericoloso per voi pagnottini piccini, è pieno di orchi cattivi. Sì, amore, orchi cattivi. Brutti gli orchi cattivi che fanno paura alla gattina pagnottina della tata! Ora mi ha rotto i coglioni, cinque euro base d'asta il primo che chiama se la prende. Neanche la tata ha il profilo su Facebook. Niente affatto, tesoro. Chiedi pure alle amiche della tata. La tata non è su Facebook. E quindi neanche tu, amore, no neanche tu. Tutto in simbiosi, io e te, ricordati l'analista. Fatto fuori fatto fuori, la tata ha sospeso la terapia perché non ne ha più bisogno, ecco perché. Ma era un ottimo professionista, un professionista con i fiocchi, l'analista della tata. Al nero? Ma cosa vuoi, lo fanno un po' tutti, il nero, sì amore, il pane integrale. Certo, anche l'analista. La tata intendeva il pane nero integrale che fa l'analista. Vai, ora ci aggiungo quel mio vecchio paio di sci in omaggio per chi compra la pasta madre, telefono e email, contattare h24, fatto. Sì, tesoro, su eBay si vincono le settimane bianche. Le pagnottine più belline vincono una settimana bianca al Sestrière. Vedi quanto è utile questo eBay. Tu devi sempre dar retta alla tata. Altro che Facebook. Sempre retta alla tata.

... niente, non la vuole nessuno. Neanche su eBay. Eh, una parola, non ci riesco. Prenderla e buttarla nel cesso, no non ci riesco. È più forte di me. Lo so, lo diceva anche l'analista, un modo per uccidere la madre. Si vede che ancora non è tempo. O che in fondo con mia madre. Per carità, non è che uno cambi a settant'anni. Una come mia madre, poi. Però in fondo, ora va un po' meglio. Voglio dire, rispetto a quei tempi là. Mi pare meno acid... No, tesoro, non si stava parlando di te. Tu sei una pastina acidina grattina, sì, acidina proprio al punto giusto. È la tua nonnina che prima era troppo acida e ora lo è un po' meno. No scusa, è che mi stavo facendo una pastina in brodo, ho un po' di acidità di stomaco. Dicevo, te li ricordi, vero, quei tempi là? Inadeguata è un eufemismo, mi faceva sentire una nullità, mi faceva sentire. Avrei dovuto farlo prima, sì. Un bel taglio netto. Dio che incubo, se ci ripenso. Come

ho fatto a resistere tutto quel tempo. Ma ovvio che è un problema generazionale. Hai mai visto uno di quella generazione lì prendersi cura dei figli? Buoni solo a criticare, già. Ma se li hai fatti, i figli, poi te ne devi occupar... Sì, topino, certo. La tata si prenderà sempre cura di te. Sempre sempre sempre. Per la tata sei come una figlia, sì, anzi di più di una figlia. Niente, è il duplex, non farci caso. E ti dirò di più, un figlio può anche scapparti per sbaglio, ma due, dico due figli, eh no, allora vuol dire che li volev... No amore, tranquilla, la tata non vuole un altro figlio pagnottino grattino. Sei solo tu l'unica pagnottina della tata. Però, fija mia, adesso lascia la tata un attimo in pace! 'Sti regazzini di oggi, proprio non si tengono. Detto questo, sì, dovrei proprio liberarmi di questa pasta madre. Un plateale gesto liberatorio. Farla a pezzi e scaraventarla anch'io nel bidone, già. Bye bye mammina, e tanti salut... Che c'è, tesoro? Sì, parliamo sempre di quel film. Paura paura, se hai paura ti metti i tappi nelle orecchie e lasci la tata tranquilla a chiacchierare di cinema con la sua amica. No, ho detto i tappi. Metti giù quel coltello del pane. Cosa fai con quel coltello del pane? Lo sai che il coltello fa la bua. Il coltello del pane, tesoro, lo può usare solo la tata. Ho detto metti giù. Dai, metti giù per favore, non mi fare incazzare.
Pronto? Ci sei ancora? Pronto?? Ha messo giù, ma tu dimmi.

... ora io e te parliamo per bene. Sì, amore, parliamo. Stenditi comoda nel tuo lettino di farina, che certi discorsi non si possono fare sul futon. Il futon è per i grattini. Voglio che parliamo, che ci diciamo tutto tutto tutto. Quel coltello, esatto. Cosa volevi fare con quel coltello del pane? Stavi minacciando la tata? Dimmelo sinceramente, non aver paura. Posso essere stata un po' brusca ultimamente, è vero, a forza di parlare della nonnina. Ma resto sempre la tata buona che adora la sua gattina pagnottina. Non lo senti quanto ti vuole bene la tata? Evidentemente non riesco a comunicartelo, e mi dispiace, mi dispiace moltissimo. Che??? Volevi usare il coltello su di te? Volevi fare harakiri?? Ma non si è mai visto una pagnottina che fa harakiri! Anche se, accidenti, sarebbe l'uovo di Colomb... No dicevo, amore, harakiri proprio ora che a Pasqua la tata ti voleva regalare l'uovo e la colomba. Suicidarsi proprio a Pasqua, no. E perché poi suicidarsi, tesoro mio grandissimo, non stai bene con la tata? Perché non ci ho pensato prima, cristo, la coltella del pane. L'affido? Sì, è vero, la tata ha parlato dell'affido, ma si disse solo temporaneamen... Sbolognarti alle amiche, oddio. Non userei questo termine così volgare, tesoro. La tata voleva solo farti fare una vacanzin... Schiaffata pure su eBay! Ma topina grattina, eBay era solo per farti vincere quella settimana bianc... Buttata a pezzi nel cesso no. Qui sei ingiusta, sì ingiusta. La

tata citava un film e tu prendi tutto alla letter...
Macché drogata con lo Zoloft. No, anche questo
non lo accetto. Lo Zoloft non è una droga, non
è affatto una droga. È uno psicofarmaco noto in
tutto il mondo, dà ottimi risultati. Te l'ho dato
per farti star meglio, e sinceramente, ammettilo
anche tu, hai fatto enormi progressi da quand...
Non ti senti amata, d'accordo. Prendo atto che
non ti senti amata. Ti senti un peso per la tata,
va bene, un peso. Posso aver esagerato qualche
volta, sì, le sfuriate per le acciughine cantambriche, lo sai che la tata non regge quando fai
le bizze per le acciughine. Ma da qui a dubita-
re dell'amore della tata. Minacciare un suicidio,
vìa! No no, non piangere, amore, non piangere, ti
prego. Già così hai sommerso la tata di sensi di
colpa, se ti metti pure a frignare. Su, dai, soffiati
il naso. Stai facendo sentire la tata un mostro. Un
orco cattivo, sì. Brutta la tata orco cattivo che ha
reso così triste la sua pagnottina che voleva fare
harakiri con la coltella del pane. Bruttissima! Ma
io intanto, la coltella, gliela lascio lì sul bancone,
hai visto mai. Dicevo hai visto mai una pagnottina così incompresa come te? Perché vedi, amore,
io credo che sia solo questione di comprensione.
La tata non ha capito i tuoi reali bisogni, e tu non
hai capito i reali bisogni della tata. È semplice,
amore. Ma come vedi, tutto si risolve. La coltella
del pane, e siamo tutti più felici. Buttare via la
coltella? Vuoi che la tata butti via la coltella del

pane? Porca puttana, pure la coltella. Non vuoi cadere di nuovo in tentazione, giusto, basta tentazioni brutte. Cinquanta euri di coltella giapponese. D'accordo, la tata butta via la coltella. Ecco fatto. Buttata. Brutta la coltella del pane cattiva che induce in tentazione la pagnottina grattina della tata. Ma vaffa.

... ha ragione, sono stata scortese, sì, molto scortese, è vero. Offensiva, d'accordo. Ma le ho già chiesto scusa, un incidente, lo consideri un incidente. In cinque anni di terapia, non mi sembra che. No che non l'ho detto a nessuno, la ricevuta, lei fa sempre la ricevuta, ci mancherebbe altro. Inutile che le spieghi, lo vede da sola come sono ridotta. Mi si voleva suicidare, capisce? Suicidare. Con il coltello del pane. Una scena, glielo assicuro. Rifinita nel tunnel, esatto. Tutte le paure, le insicurezze, di nuovo tutte addosso. Ha ragione mia madre, non valgo nulla, farei scappare via anche un gatto. Sì, d'accordo, un pugno di acqua e farina non si può paragonare certo a un gatto, ma è il concetto. No no, adesso è più tranquilla, è in frigo che dorme. Ci siamo parlate, però va' a sapere. Via anche quello, buttato nella spazzatura, nascosti anche i coltelli da burro, sì. È il concetto di accudimento, è lì che ho fallito. Non riesco ad accudire nessuno perché da bambina non sono stata accudita, si torna sempre lì. Parlare seriamente con mia madre? In queste condizioni, proprio no, ho anche le doppie punte. Le vede le doppie punte? Non mi pare il caso. Affrontare mia madre con questi capelli. L'autostima l'autostima, e chi ce l'ha più, sono giorni che non mi alzo da questo futon. Impossibile: fare il pane con una pasta madre sull'orlo del suicidio, impossibile. Mi darebbe slancio, fiducia e tutto quanto, ma ora come ora. Ho fallito, inutile che mi indori la pillola, diciamo le cose come stanno. Pane al pane. Un lapsus, sì, ha ragione. Pane al pane. Vede che tutto torna lì. Devo sciogliere questo legame, sì. È la madre, insomma la madre che è nella pasta, che mi affossa. Devo cominciare una sana vita da cinquantenne indipendente. Esatto, il pane da Eataly. Una cinquantenne padrona del suo tempo si compra il pane da Eataly, ecco cosa fa. Non si sbatte giornate intere a farsi il pane in casa. Esce e va da Eataly, semplice. Sennò uno faceva un figlio o prendeva un cane, chiaro. La libertà innanzitutto, siamo completamente d'accordo. Il tutto sempre in via teorica, eh, che il problema di come sbarazzarmi della pasta, quello rimane. Ma vedrà, ne verrò a capo. Ora mi è tutto chiaro. Sapevo che parlare con lei. Ho fatto bene a richiamarla. Un passo alla volta, ma sì. L'importante è fare il primo. Una bella pettinata e via da Eataly. Un piccolo passo per la tata, un grande passo per l'umanità. Ne vuole uno anche lei? Olive o fichi e uvette?

... fuori le chiavi, hai dieci secondi per dirmi dove hai messo le chiavi. Forza, non siamo all'asilo. La tata deve uscire. Sì, deve fare una commissione, è urgente. Dimmi dove hai messo le chiavi. Conto fino a dieci. Chiudermi dentro casa, in casa mia. Mia, hai capito? Mia. Finché si scherza. Ora basta, però. Fuori le chiavi. Guarda che conto sul serio. Uno... La tata deve andare in farmacia, abbiamo finito lo Zoloft. Ma quale pacchi e pacchi, lo Zoloft è finito, l'ho dato tutto a te. Due... No, il ginseng non ha lo stesso effetto, lo sai benissimo, l'abbiamo già provato il ginseng. Le chiavi, avanti, sto perdendo la pazienza. Tre... Eh, vuol dire che metterò il cappello, chi vuoi che se ne accorga delle doppie punte. No, neanche la nonnina, la nonnina non abita da queste parti, inutile che fai finta di non saperlo. Ma guarda questa stronza se doveva chiudermi in casa. Sempre lì a origliare quello che dico al telefono. Quattro... Eataly? Che c'entra Eataly? Non sto affatto andando da Eataly. Chi ti ha messo in testa che la tata voglia andare da Eataly. L'analista? Ma se l'abbiamo fatto fuori l'analista! Cinque... Non è affatto vero. Non stavo affatto parlando con lui al telefono. Era il duplex, tesoro, il duplex. Non abbiamo il duplex? Mai avuto il duplex? Ma questa mi fruga anche nelle bollette del telefono! No, amore, la tata non parlava con l'analista e non sta andando da Eataly. Per noi Eataly è il diavolo. Brutto Eataly cattivo che fa paura alla mia gattina pagnottina! Sei... Fichi e uvette? Mai detta una cosa simile. Mai detta. Fichi e uvette. Siamo pazzi. Un pane fichi e uvette. Sono tutte fantasie, dammi queste chiavi e facciamola finita. Sette... Una cinquantenne deve essere indipendente, su questo non ci piove, nossignori. E la tata deve essere libera di muoversi dentro e fuori casa sua. Ci mancherebbe altro. Forza che la farmacia chiude. Otto... No, non vado da Eataly. Giuro, non vado da Eataly. Ti avverto che poi son dolori. Sì, cara mia, dolori. Sai cosa succede quando la tata perde la pazienza. Nove... Lasciare qui il portafoglio? Comprese le carte di credito? Tu sei malata. Ti è completamente andato in pappa il cervello. Quella caccola di farina che hai al posto del cervello. Sequestro, questo si chiama sequestro di persona, è a tutti gli effetti un sequestro di persona. Guarda che al dieci chiamo la polizia. Sì, chiamo la polizia. Con tutto quello che ho fatto per te. Servita e riverita. Trattata coi guanti bianchi. 'Sta fija de 'na pagnotta. Dieci...

... pronto, mamma? Ho un problema. Sì, solo uno, due contando te. Mi sono chiusa dentro e non mi ricordo più dove ho messo le chiavi. Casa. Mi sono chiusa dentro casa. No, non me lo ricordo. Lucidissima, perché? E invece può succedere. Sì, uno si chiude dentro casa e perde le chiavi in salotto. Può succedere eccome. Certo, a te mai. Figuriamoci se tu perdi le chiavi in casa.

Sì, mammina, tu stai sempre attenta. Sempre al solito posto. Lo so lo so. Ma perché dobbiamo sempre parlare di te? No dico, ti chiamo per dirti che ho un problema, che io ho un problema, e si finisce sempre a parlare di te. Tu non ti rendi conto, anzi sicuramente non ti rendi conto. Ma sono anni. Sì, anni. Ti dico una cosa mia e tu ogni volta sapessi io qua sapessi io là. Sempre problemi? Non mi pare di darti sempre problemi. Sei tu che fai di ogni cosa un problema. E infatti, anche quella volta lì della caldaia, poi cosa è successo? Niente, ho risolto brillantemente da sola. Ho chiamato Sos Home. Sì, d'accordo, quattrocento euri per girare la manopola del gas. Ma almeno l'ho fatta ripartire. No, mammina, non me n'ero accorta. Può succedere anche quello. Uno è stanco e non si accorge di girare la manopola dal lato sbagliato. Sì, molto stanca. Non passo le giornate a letto a guardare i film su Rete Capri, io. Certo, il pane. Le passo a fare il pane, certo. Una cosa nobilissima, certo. Non capisco tutta questa ironia. Dovresti essere orgogliosa. Certo, hai una figlia che passa le sue giornate a fare il pane. Non vedo cosa ci sia da ridere. C'è un sacco di gente che lo fa e ti assicuro che stanno tutti benissimo. Anch'io certo. Benissimo. No, non si chiudono tutti in casa e perdono le chiavi nel frigorifero. Evidentemente no. Eh, si vede che io sono speciale in tutto, mammina. Sì, mammina, in tutto. Ossessionata, d'accordo. Sarò ossessionata dalla pasta madre. Se vuoi vederla così. Sarò ossessionata. Sì che mi stai giudicando. Anziché essere felice per me, ora che sono libera, che mi godo il mio tempo. Me lo godo, certamente. Molto più adesso di quando lavoravo in ufficio. A impastare grani antichi, esatto. Si vede che le tue amiche hanno figlie più intelligenti, diecimila al mese, beate loro. Ma sì, beate loro. Io sono felice così, povera ma felice, mi faccio il mio bel pane, esatto il mio bel pane, con la mia bella pasta madre. Sono libera. Capirai, per quel bonifico. Ti sarai svenata! Se per una volta ti ho chiesto un prestito per le bollette. D'accordo, me le paghi da un anno, d'accordo, e che sarà mai! Una buona madre rinuncia a comprarsi il pane da Eataly e intanto così dà una mano a sua figlia. Ma se me l'hai detto te: io tutti i giorni da Eataly, io il pane me lo compro fresco tutti i giorni da Eataly. Te, certo. Ogni volta che ti chiamo, sei a far la spesa da Eataly. Sei da Eataly anche adesso?!? La settimana del foie gras? Ma s'era detto di fare economia! Il foie gras. Lei col foie gras e io al freddo col termosifone a 16. È arrivata quella del gas, sì. Non ce l'ho sotto mano, ma una stangata. Sempre lo stesso, non è che cambio iban ogni mese. Si vede che quest'inverno è stato più freddo. Non ho idea, davvero, lo tengo sempre bassissimo. Il forno? Che c'entra il forno? Un uso smodato del forno per via del pane?

... è finita, tesoro. Oh, vediamo se riesco a darle il colpo di grazia, a 'sta farabutta. La nonnina non ci paga più la bolletta del gas. No, amore, non ce la paga più. Mi ha detto o torni a lavorare in ufficio o niente bolletta. Un ricatto, sì. E la tata non cede ai ricatti. Non ha ceduto neanche al tuo, come vedi. Ce ne staremo chiuse qui in cucina ad aspettare la fine.

La tua, si spera.

Sì, tu ed io. No, pagnottina mia, non ti porto rancore. Lo so, l'hai fatto per il tuo bene, la storia delle chiavi, l'ho capito sì. Non volevi essere abbandonata. In fondo, vedi, soffriamo tutti per la stessa ferita.

Dolore più dolore meno, manco se ne accorgerà. E noi, tesoro mio, siamo state ingenue. Sognavamo un'altra vita, libera, fatta di cose semplici. In fondo cos'è la felicità? Un bicchiere di vino con un bel panino fatto da noi. Ecco cos'è la felicità. Oddio, un bicchiere di vino di merda, chi se lo può più permettere un buon rosso, ora che non ho più lo stipendio.

Sì, amore, io e te strette in un pugno di farina, sì. Strette strette. Con il nostro tempo lungo, senza più gli orari dell'ufficio, a obbedire agli ordini, e fai quello e fai quest'altro. La tata ha detto basta a una vita così. Brutta la vita dell'ufficio cattiva fai questo e fai quest'altro. Bruttissima!

Sì, ma con i buoni pasto dell'azienda ci potevo andare anch'io da Eataly a comprarmi il foie gras, mentre ora. Volevamo essere pure, noi due.

E non siamo state capite. No, tesoro mio, non ci hanno capito. Nessuno può capire il legame che ci lega. La società ci è contro, sì, brava la mia pagnottina che fa le analisi politiche. Anche la famiglia ci è contro, già, la nonnina stronza che ci ha fatto staccare il gas e la zia col suo Bimby di merda. Brutto cattivo il Bimby di merda della zia! Via, ora o mai più, giù il carico da novanta. Siamo state spezzate, gattina mia, ma non sconfitte. L'amore che ci unisce è più forte di ogni altra cosa.
Vai vai vai, mi gioco il jolly!
Sei tu la mia unica madre. Sì, sei tu. Finalmente l'ho capito. Nessuna pasta madre è stata più madre di te. Nessuna, te lo giuro. Nessuna.
(Scusa, real mother, sto seguendo il copione, appena mi libero ti raggiungo lì da Eataly, non ti muovere, ancora un minuto).
No non piangere, mamma pagnotta, è la verità. Sei tu mia madre. E ora affronta da madre questo momento. Abbracciami con tutte le tue forze. Anche acida così, non importa, per me sei fresca come una rosa. Ammazza quanto puzza 'sta roba.
È il ciclo della vita, mamma. Se non ti rinfreschi, se non ti riproduci in pane, diventi acida, sempre più acida. Pare un cadavere, pare.
Ma ora tienimi stretta, ti prego. Non importa se stai morendo, lo prendo tutto il tuo fiato.
Ma perché cazzo ci misi l'aglio l'ultima volta.
Vieni, stendiamoci così, dentro al forno. La no-

stra cuccia, sì. Appoggiami la testa sullo sportello, così. Vediamo se è la volta buona, tanto il gas è staccato. Ho freddo, mamma, tanto freddo. Stenditi addosso a me, fammi da copertina. Avvolgimi e impastiamoci per l'ultima volta nel forno. Vedi, aveva ragione l'analista. (Merda, non gli feci il bonifico, mother ci pensi tu?). Siamo in simbiosi, io e te. Unite nella vita e nella morte. La tata e la sua mamma gattina pagnottina grattina. Siamo fatte della stessa pasta, io e te. Una cosa sola. (Resisti ancora un minutino, mother, intanto vatti a comprare i lamponi in offerta per gli over 65, dai che mi sbrigo, gli do l'estrema unzione).
Oliamoci per bene con l'extravergine, mamma, e preghiamo insieme.
Madre nostra che sei nei grani, sia santificata la tua farina...
Li morté, ma quant'è rancida 'sta pasta, che fetore.
Venga la tua macina, sia fatta la tua pagnotta come in cielo così in terra...
Chi ci resiste, ha pure l'alitosi.
Dacci oggi il nostro pane quotidiano alle olive e rimetti a noi i nostri debiti da Eataly...
(Scusa mother, ma tu paghi sempre tutto subito da Eataly vero, non è che poi ci lasci i chiodi?).
Maremma che fiato, neanche un morto.
Come noi li rimettiamo ai nostri fornitori...
E quanto ci mette a morì, non respiro, pure nel naso, oddio, non respiro.

Non ci indurre in tentazioni...
E dai, schianta, che io soffoco, non ce la faccio
più.
Ma liberaci dal Bimby...
A pasta ma', così m'ammazzi sul serio, stavamo
giocando, non si può mai gioca' con te, a ma'...

DRIIIIIIIIN
Via, è cotto, non è venuto malaccio neanche
stavolta!

VORREI DIRE GRAZIE

a due persone: la prima è mia madre. La seconda
è Francesco Morgando, che me l'ha imbarattola-
ta ben bene nel disegno in copertina così essen-
ziale nella sua levitante poeticità.